O Princípio da Sabedoria

O Princípio da Sabedoria

P'hen Fernandez

© Publicado no verão de 2012 pela Editora Isis Ltda.

Supervisor geral: Gustavo L. Caballero
Revisão de textos: Juliana Rizzuto
Capa: Amy Ortiz
Diagramação: Décio Lopes

Dados Internacionais de Catalogação na Publicação

Fernandez , P'hen

O Princípio da Sabedoria / P'hen Fernandez – 1ª edição – São Paulo, SP – Editora Isis, 2012

1. Sabedoria 2. Cristianismo
2. Auto-Ajuda – Sabedoria I. Título.

Proibida a reprodução total ou parcial desta obra, de qualquer forma ou por qualquer meio seja eletrônico ou mecânico, inclusive por meio de processos xerográficos, incluindo ainda o uso da internet sem a permissão expressa da Editora Isis, na pessoa de seu editor (Lei nº 9.610, de 19.02.1998)

Direitos exclusivos reservados para Editora Isis

ISBN: 978-85-88886-86-5

EDITORA ISIS LTDA
www.editoraisis.com.br
contato@editoraisis.com.br

Ao maior de todos os sábios,
a própria sabedoria,
a própria justiça,
o coroado com amor,
a essência da virtude.

Eu não sou tolo o bastante
para não dedicar-lhe este livro.

Ao eterno Jeová de guerra.

Índice

O Prólogo

Tento aqui descrever o que seria o princípio da sabedoria, porém ainda há procuro desesperadamente, afim de um dia preencher o grande espaço de minha ignorância, para que então possa viver em plenitude de espírito. Porém, compartilho aqui o pouco que sei, com o objetivo de ajudar todo aquele que se interessa pela sabedoria e muito me alegrarei se ajudar pelo menos um. Pois, existe algo de mais valor que a sabedoria? Poderia ser calculado o seu valor?

A sabedoria é a coisa principal;
adquire, pois a sabedoria emprega tudo
o que possuis na aquisição de entendimento.

Provérbios 4:7.

Em todas as virtudes é superior, exceto o amor.

A Sabedoria
Encontrada

Conhecer 1

Quando falamos do princípio da sabedoria, somos levados ao texto de provérbios que também diz:

O princípio da sabedoria
é o temor a Deus e a prudência.
Jó 28.28-Salmos 111.10

Escrito pelo homem mais sábio que já reinou na Terra, Salomão.

Ora quem são os mais prudentes na Terra? E não são eles os mais sábios?

Com os idosos está à sabedoria,
e na longevidade o entendimento.
Jó 12.12.

Mesmo que nem todos idosos sejam sábios, somente um tolo ignorante negaria que eles retêm a sabedoria, enquanto os jovens restantes são tolos imprudentes. São eles os coroados de branco e marcados com as lâminas do tempo.

Alguém negaria isso? É claro que não falamos em termo geral, entretanto os jovens prudentes são tão raros quanto às flores no deserto.

Alguém disse uma vez: Jovens sejam vigorosos, cheios de vida e idosos sejam sábios.

Essa foi uma das coisas mais tolas que já ouvi. É bem verdade como nos os jovens somos vivazes e cheios de vida, porém não temos que ser tolos imprudentes para isso. Não precisamos sofrer para nos tornarmos sábios e cheios de conhecimento.

Eu sempre percebo. É impressionante como os idosos são calmos e sábios e os jovens tão vivazes e audaciosos. Seria errado afirmar que a serenidade e calma são coroas da sabedoria? E a vivaz imprudência pedras no caminho dos tolos?

Os jovens se apressam a experimentar as coisas novas da vida, sem se importar com as consequências. Atitudes imprudentes são os motivos do que vemos hoje. Entretanto, os idosos que tem as cabeças coroadas de branco, não são imprudentes. Eles já viveram muito, já experimentaram os desgostos da vida, as decepções e tudo que o mundo tem, por isso não se apressam a enfiar suas cabeças em covas.

Eles mesmos se julgam velhos demais para isso. Diante deste fato, pergunto- me: se os jovens têm a idade perfeita para isso? Queria acreditar que não, mas os próprios jovens dizem sempre "A vida é uma só, temos que vivê-la, viver o hoje. Deixe o amanhã pra depois. O que tiver que acontecer acontecerá".

Gostaria de saber se existem frases mais imprudentes do que estas. Porém, não tenho o costume de procurar por coisas imprudentes. Sobre tudo procuro meditar nas boas ações, e tenho certeza que os prudentes não colhem tempestades, apesar de saber que sua semeadura é considerada "vento", pelos tolos.

Balzac disse uma vez: "O homem começa a morrer na idade em que perde o entusiasmo." Se assim é, afirmar que é preciso morrer para alcançar a suprema sabedoria seria errado?

É certo que a sabedoria anda junta com a prudência, e a prudência por sua vez anda de mãos dadas com a paciência. A paciência vale sete vezes mais que a sabedoria, pois com ela pode se conquistar o conhecimento e com o conhecimento pode se alcançar à sabedoria. Mesmo assim, tenho que dizer que conhecimento sem discernimento se torna confusão, no entanto a sabedoria age com a exata compreensão das coisas.

Conhecer 2

No evangelho de Mateus 5.5 vemos que os homens mansos herdarão a Terra. Novamente, vemos que os prudentes alcançam à paz e um homem sábio não toma brigas e confusões sobre si e se o fizer não terá paz e pior, não dará paz aos outros.

Antes que todos nós fossemos sábios e mansos como os idosos, que não brigam e nem tomam confusões sobre si. Que bom seria se combinássemos a sabedoria com o vigor dos jovens, mas eles não combinam, assim como a água não se mistura com o óleo. Como um peixe não combina com o céu, como um gato não combina com a água, como as trevas não combinam com a luz ou a escuridão com o dia.

Porém, pergunto-me se a sabedoria não tem um preço? Poderia um homem se tornar sábio do dia para a noite sem nenhum custo?

Todos conhecem a história de Salomão e as duas mulheres que afirmaram serem mães da mesma criança. Salomão em sua suprema sabedoria mandou que cortassem o bebê ao meio e dessem um pedaço para cada mulher.

– Ótimo, que assim seja. – Uma mulher falou com desdém. Porém a outra disse:

– Não, eu prefiro que a criança fique com outra do que eu vê-la morta.

O soldado já estava com a espada em prontidão, mas Salomão muito sábio replicou.

– Não mate a criança. Dê a esta mulher que não a quer vê-la morta, pois certamente esta é a mãe.

Dar conselhos sábios é um sinal de sabedoria, entretanto, afirmo que quem não os segue na própria vida não é completamente sábio. Mas antes é imperfeito, confuso e não sóbrio. Dar conselhos sábios e não vivê-los é o mesmo que ser um ator em tempo integral. Viver uma mentira, viver outrem, não vivenciar as próprias ideias.

Tem uma leve impressão do caminho, mas é fraco e não consegue vencer a si mesmo.

Lutar e vencer todos é uma coisa fácil e é ensinada em todo o mundo, mas apenas Deus pode ensinar a vencer a si mesmo. Vencer a depressão, autopiedade, as mentiras, os vícios e os defeitos. Assim poderá aprimorar as qualidades e vencer as calúnias, junto com todas as outras impurezas que vierem sobre ti.

No começo de seu reinado Salomão já distribuía conselhos muito sábios, entretanto, ele não os seguiu totalmente. Acabou matando seu general após provar do amor de sua mulher. Ele pagou um preço caro por isso. Seu filho foi destituído do trono de Israel por Deus e ele viu que tudo era luxúria, inclusive a sua sabedoria.

A sabedoria completa é quando você consegue ser sábio, além de dar conselhos sábios. Vivendo em caminhos retos, mesmo que difíceis, mas fazendo o bem para o próximo e para si mesmo.

Conhecer 3

Podemos ver que em Eclesiastes o último livro de Salomão é iniciado dizendo:

– Vaidade, vaidade, tudo é vaidade.

Salomão tinha vivido toda uma vida e agora se encontrava como um ancião, cansado e desiludido de tudo. Afirmou que até suas conquistas e construções não passaram de vaidade e perda de tempo, pois logo seu corpo se transformaria em pó e quem herdaria todo o fruto de seu trabalho? Ele disse se atentar a todas as coisas debaixo do sol, porém logo fez a observação: tudo é vaidade e aflição de espírito. A dor de ver o seu próprio filho ser destituído do trono o fez elevar-se a um nível mais alto de sabedoria, esse foi o preço do estagio final de sua sabedoria, porem foi seu erro escolher seguir por este caminho, pois acredito que ele alcançaria esse nível por outros caminhos.

Conhecer 4

E impossível ter um coração cheio de temor a Deus e ser imprudente, pois a imprudência não é a vontade de Deus. O temor constitui-se em prudência.

De modo que todos que temem a Deus são prudentes e obtém o princípio da sabedoria. Porém, é preciso muito mais que o princípio da sabedoria para alcançá-la. Para isso é preciso querê-la, almejá-la no profundo de sua alma, e não esperar que desça do céu. Temos que procurá-la até encontramos. Pois todos que procuram, encontram; todos que pedem, recebem. E a sabedoria passa como balsamo frente a todos, todos os dias, entretanto só quem a procura percebe seu aroma eficaz.

Conhecer 5

Mas se falarmos em temor, estaríamos falando de medo?

Bem, com certeza não. Deus não quer que você tenha medo dele. Pelo contrário, ele te ama e quer que você faça as coisas por amor, pois quem subjuga com medo são os demônios.

Eu morei com minha mãe na minha infância e com meu pai na minha adolescência, eles eram tão diferentes quanto sol e lua. Meu pai sempre foi o tipo de pessoa que sempre quis ensinar através do medo, como o sol que impõem seus raios de calor a força. Minha mãe era o oposto, sempre foi à mulher que se entristeceu com meus erros, sem nunca me bater, como a lua que ilumina suavemente com sua luz triste.

À medida, em que cresci passei a procurar fazer as coisas certas para não deixá-la triste, por amor e não por medo. Deus também quer que você o obedeça por amor. Por saber que ele se entristece com cada erro que comete, e, que ele se esconde em lugares ocultos para chorar quando erramos.

Não esquecendo meu pai, ele sempre tentou fazer que tivesse medo, porém eu cresci e me vi mais vigoroso e mais forte que ele. Como eu poderia então ter medo dele?

O medo é uma coisa que nos submete temporariamente, entretanto o amor é eterno.

Conhecer 6

A sabedoria pode ser alcançada com meditação das boas obras. Não se atentando às vidas alheias e nem se engasgando com a própria língua.

A minha boca falará de sabedoria,
e a meditação do meu coração será de entendimento.

Salmos 49.3

Os sábios entesouram a sabedoria;
mas a boca do tolo o aproxima da ruína.

Provérbios 10:14

O nosso coração procura o que desejamos no intimo de nossas almas. Onde estiver nosso coração ali estará o nosso tesouro. Se colocarmos nosso coração no dinheiro, este não passara de nosso tesouro. Não obstante, se colocarmos nosso coração na sabedoria e nos dons de bondade e amor, estes serão nossos tesouros. E certamente são os melhores, porque são eternos.

A boca do justo jorra sabedoria,
mas a língua da perversidade será cortada.

Provérbios 10:31

O justo se alegra com a sabedoria e a busca, enquanto os tolos se alegram em jogar brasas ao fogo, para suscitar a fúria dos homens. Adoram ver intrigas e confusão, querem e almejam estar junto a elas.

Conhecer 7

Também é possível tornar-se sábio com os erros. Porém, aquele que muito sofrer, blasfemará. Só Deus sabe o nosso limite, então não tem porque dizermos que não vamos aguentar. Deus sabe o nosso limite e ele não quer que blasfememos contra Ele. Eu diria que o limite para uma blasfêmia é uma experiência para um aprendizado sábio e bem estreito. Analisando isso é preferível aprender observando os erros dos outros e deixar para Deus nos lapidar como diamantes brutos.

Procure as belezas dos dias que virão, buscando sempre plantar sementes de bondade e amor, encontre a pureza das coisas alvas. Faça como o sol que se levanta vigoroso a cada dia, sem a recordação da noite que passou. Lembre-se que o seu sofrimento não é nada, existem muitos que sofrem mais do que você e precisam da sua compreensão. Se quer achar a sabedoria, não ande no meio dos jovens beberrões e esbanjadores, vá à casa de uma mãe que acabou de perder um filho. Veja em um cadáver como não somos nada e nem podemos nada. Conforte aqueles que choram, pois recebe bem mais, aquele que distribui amor, do que quem o recebe. Pois o amor nos impregna o coração com coisas boas e duradouras. Quando acendemos uma lâmpada somos os primeiros a ser iluminados. Do mesmo modo acontece com o amor distribuído.

Também não colheremos os frutos do que plantamos? Por muitas vezes, se multiplica as sementes de bondades plantadas. Tornam-se frutas deliciosas e virtuosas que colheremos no futuro ao lado de pessoas gratas.

Conhecer 8

Viver é preciso, e não apenas viver, mas também ser feliz. Não se importar com as dificuldades e nem com os outros, pois cada um é responsável pelos seus próprios atos. Penso que vou vivendo alegremente, com a certeza de dias melhores. Vivo com a convicção que o passado se foi, como a noite e agora só resta um novo dia, como a imagem do crepúsculo que só guarda a lembrança em nossas mentes pela manhã e nos deixa as cores da experiência. Certamente podemos refazer os caminhos errados, pois enquanto a vida, há esperança.

Conhecer 9

Nós vivemos em um mundo de várias ideias? Como então saber qual é a certa? Existem sim apenas dois caminhos, mas as direções que levam a estas veredas são variadas. Bem, com certeza o caminho certo resplandece como a luz, pois no final de sua trilha pode-se vislumbrar a esplendorosa luz do perdão. Porém, apenas aqueles que enxergam com os olhos espirituais da alma podem ver essa luz. Mas este caminho possui características distintas e é único, fato que difere do outro caminho, que é enraizado de veredas.

A vereda da luz, não é fria e nem gélida como todos os outros caminhos, nem escuro, tem sim seus obstáculos e é por várias vezes, superior ao do caminho paralelo. Mas todo obstáculo nele encontrado é para o nosso fortalecimento e amadurecimento. Para encontrar essa vereda é preciso procurar pela verdade, pois todo aquele que descobrir a verdade se libertará.

Ouça! O caminho fala com você, ele chama o âmago de sua alma. Todos que o encontram sentirão o calor, as virtudes, a justiça, paz. Aqueles que andam nele não precisam afogar suas almas angustiadas em vinho, se deitam e não sentem o sentimento de vazio, não se sentem desprezados e carentes, descansam em paz com a sensação de preenchimento em um espírito enfim, completo. Mas as virtudes desse caminho precisam ser estimuladas e almejadas até que tornem-se eternas, para isso é necessário exercitá-las diariamente... a cada hora, minuto e segundo de seu pensamento...

Conhecer 10

Busquei a sabedoria dentro de mim desesperadamente para me apartar do sofrimento, só não esperava sofrer ainda mais por encontrar o reflexo de um homem tão ignorante.

Pedi a sabedoria para Deus com os olhos marejados de lágrimas. Disse estar disposto a pagar a qualquer custo. Como disse Salomão "*tudo é vaidade, até mesmo a sabedoria*". Pois, comecei a pagar o alto preço e quanto mais a procurei, mais sofri com a certeza de nunca encontrá-la.

Este desejo pulverizou o meu coração quando eu era ainda um menino. Mais ou menos na época em que a depressão se fez presente na minha alma, por volta dos meus 10 e 11 anos. Ela se estendeu até meus 16, acho. Mas não tenho certeza, pois não medido nas coisas passadas, apenas tento viver um dia de cada vez, não me irritando com a sabedoria que nunca alcançarei e já me conformei com isso.

Onde está o sábio? Onde está o escriba?
Onde está o inquiridor deste século?
Porventura não tornou Deus,
louca a sabedoria deste mundo?

I Corintios 1.20.

NÃO clama porventura a sabedoria,
e a inteligência não faz ouvir a sua voz?

Provérbios 8:1

Conhecer 11

Muitos olham com olhos de luxúria, mas todos querem ser aceitos e amados, também reconhecidos e honrados. Mas se olhássemos ao nosso redor como se tudo não passasse de uma vida espiritual? Se olhássemos como se todos fossem almas, um vivido espírito? Nada seria como é. Se não olhássemos apenas a matéria, mas imaginássemos o que teria através disso. Como se fossemos fantasmas ou como se a matéria ao nosso redor fosse da mesma matéria que a mentira, mas se não consegue imaginar isso, imagine tudo na matéria do plasma.

Nada seria como é.

Algumas vezes me perguntei se sou normal. Pois olho para as coisas como se elas não existissem, não tivessem vida ou sentimento. Algo como uma obra de arte deprimida em matizes de preto e branco. Não queria ver as coisas assim, mas não posso evitar, é estranho, é como se esse não fosse meu mundo, como se tudo não passasse de uma grande mentira, uma hipocrisia imensurável e desagradável. Mas sei que sou normal, ou pelo menos já fui, pois me lembro que antes eu não via as coisas assim. É como se eu estivesse morto, mas ao mesmo tempo é como se eu fosse o único vivo, como se o mundo fosse preto e branco, mas ao mesmo momento apenas eu fosse preto e branco, com um olhar acinzentado. Talvez sejam sequelas de minha depressão.

Na maioria dos anos da minha vida não quis viver, nem mesmo como o maior herói da Terra e o mais honrado. Desejei a morte, mas mais ainda, desejei não nascer, não existir. Consegui superar isso, mas mesmo assim não consigo sentir vida nas coisas na maioria dos momentos, pior não consigo sentir verdade nelas. Olho ao meu redor e as pessoas parecem chorar, sem lágrimas; carentes e aflitas, influenciadas e aprisionadas com suas almas acorrentadas e feridas. É como se todos tivessem criado uma caixa de cristal em seu âmago, para acumular as suas lágrimas, em vez de curá-las.

Conhecer 12

Às vezes as pessoas são tão cômicas. Não sei, mas na minoria das vezes acho graça em tudo que elas fazem. Os gestos, os humores, os jeitos tudo parece tão simples, tão natural e é tão sem lógica que é engraçado. É como o respirar, as pessoas o fazem, mas nem sabem. Vivem como se estivessem conformadas com o pouco sofrimento que lhes parece muito. Mas fazem de tudo para que todos saibam que elas sofrem; principalmente as que murmuram. Não sei, mas acho que de certa forma eu deveria ser como elas, mas não sou por algum motivo. Não que eu nunca murmurei, só que nunca vi isso de murmurar para os quatro cantos da Terra como uma forma de me ajudar. Procurei sempre falar de coisas boas que me aconteceram e por isso sempre fui tão calado, e também constantemente achei desnecessário dizer algo que não é necessário.

Não vou dizer que entendo as pessoas completamente, mas sei que guardam mágoas no coração. Sou assim, simplesmente sou. Sempre achei essas pessoas que murmuram engraçadas, talvez porque elas precisem mais de cuidados do que os outros, pois os seus corações por muitas vezes foram feridos. Talvez o fato de saber disso me alivie um pouco, de saber que elas também foram machucadas como eu e isso não me faça sentir tão solitário. Talvez por esse motivo eu as ame mais. Não sei, mas elas me parecem como crianças incompreendidas, incompreendidas como eu.

Conhecer 13

O filho de um herói é orgulhoso e não aceita ser menor que o pai.

Nem sempre são mimados pelos pais, mas muitas vezes pelos admiradores desses. Não suportariam viver a sua sombra, pois já levam a fama deles, de modo que não suportariam viver na sombra de ninguém. Eles não desanimam, permanecem firmes, porém, em muitas vezes arrogantes. Não suportam ouvir todos dizerem que ele é filho de um herói e muito menos não ser lembrado pelos seus feitos. E quando é lembrado logo dizem: "Esse é o filho do Herói". Não tolera saber que é apenas o filho do herói. Precisa provar para si mesmo que é bom e diferente. Crê que pode ser melhor que o pai, mas só quando descobrir que isso não importa é que poderá começar a ser. Mas com certeza, não tolera a ideia de dizerem: "O pai dele é um herói, mas este... coitado".

Não é compreendido, é bajulado por todos que admiram seu pai e sabe disso.

O filho de um homem simples e livre desse fardo, pode se desenvolver só, mas para isso terá que ser com o próprio esforço. Não têm expectativas dos próximos para as suas futuras realizações, quando muito, sentem pena e não acreditam nem em si mesmos. Isso pode ser um abismo trazendo vícios e lágrimas, mas na mesma medida pode ser um impulso. Uma vontade de querer provar para si mesmo que não é o que dizem. Entretanto, logo quando vêm às dificuldades se desanima. Vê os sonhos morrerem e pouco faz para resgatá-los. Pois, na maioria das vezes, não tem um pai experiente para ajudá-lo nessas horas. Não têm muitas oportunidades e é desprezado com facilidade. Não gosta de se sentir inferior e nem quer ser como o pai, se este receber zombarias ao invés de elogios. Por outro lado, só quando descobrir que ser como o pai não é de fato ruim, poderá ser diferente. Deve-se orgulhar disso, pois seu pai é seu herói.

Se quiser melhorar, deve tentar ser melhor que si próprio e conquistar seus sonhos com suor.

Conhecer 14

Sem contaminação com embriaguez, pois ela nos liga às pessoas amarguradas. Passamos a pensar como elas e perdemos a esperança compartilhando a suas dores. Se o compartilhar fosse apenas no ouvir, não teria um grande problema, mas o compartilhar e no sentir e no contaminar. Igualamos no pensar que devemos viver como elas, e não é bem assim. Não podemos parar, não podemos desistir, não podemos nos acomodar com pouco. Qual seria o melhor exemplo a seguir? Um homem bêbado com a cabeça em uma cova, infeliz e nunca sóbrio, ou um homem que venceu? Os vencedores não ficam lamentando águas passadas, os vencedores caminham almejando um futuro melhor, conquistando com suor seus sonhos e sempre otimistas.

Mas não falo de um vencedor em questão financeira, digo um com paz, paciência, virtudes e luz. Poucos da grande massa populacional vencem, alcançam à paz e a verdadeira alegria. Qual é o melhor exemplo a se seguir, o da maioria ou da minoria?

Você se alegra sendo apenas um número no meio dessa grande massa?

Não há uma só criatura na Terra que não procure pela felicidade e isso ocorre porque ela não está em nós, mesmo que muitos filósofos tenham dito isto antes e outros pensadores repliquem o mesmo hoje.

Como poderia o sol procurar, por fogo? Ou o mar por água? Ou o céu pelas estrelas? Tão pouco, tão pouco, a felicidade poderia procurar a si mesma. Quem tem sede é porque precisa de água. Quem precisa de água não a tem, ou não produz como a nascente.

Como somos descendentes de Adão e Eva que morreram espiritualmente, nascemos mortos. Caminhamos e vivemos com um vazio, que não pode ser preenchido, por vinho ou festas. Eu falo de um vazio continuo que precisa de uma luz continua. Uma virtude eterna. A sabedoria tem o seu valor, por que com ela pode se encontrar esse caminho. O caminho de amor é paz, de virtude e integridade, de plenitude e serenidade, de compaixão e misericórdia. Se você pensa que é triste e um homem infeliz, não desanime, pois o que você tem de diferente de alguém feliz é apenas o foco, a direção do pensamento. Somos escravos do passado sim, pois as antigas ações refletem hoje, no entanto não precisamos ser escravos mentalmente. O melhor é ocupar nossa mente com coisas boas e divinas, para que não sobre espaço para mais nada: reflexão das medíocres calúnias, das confusões, das angústias; apenas uma vida de plenitude e paz, é por isso que a sabedoria luta e busca. Por esse motivo, ela é tão valiosa, por nos direcionar ao caminho e fazer muito mais...

A Sabedoria Imposta

Conhecer 1

Alguns têm a sabedoria imposta. Já nascem diferentes, com pensamentos de liberdade e a frente de seus tempos. Eu queria acompanhar essas vidas de perto, para saber de tudo e tudo que passaram.

Há alguns exemplos que conheço que são de pessoas que passaram por coisas difíceis. Um novo obstáculo, um novo problema, antes mesmo do final do problema anterior. Todos têm problemas, porém o modo com que os enfrentamos e capacidade de aprendizado é o que nos diferencia, pois existem muitos que após um problema quase insuportável ficam ainda mais enfermos. Tornam-se pessoas traumatizadas e não aprendem com a agonia que poderia ser como néctar de vigor para suas almas cansadas.

Um homem pode se erguer só, ouvindo dia após dia, seu próprio pai o chamar de: "Ignorante, sem futuro. Um Nada, um ninguém", com a ajuda de Deus que estende sua destra para socorrer o aflito e abençoa a todos que se esforçam e amam seu nome.

Infelizmente alguns destes suicidam-se, pois preferem desistir da vida de dor e agonia que subjuga suas almas com aflições e desesperos todos os dias, após o acordar. Uma vida falida, sem esperança ou sonhos, sem metas ou planos, sem amor próprio ou desejo de conquista.

Como entristecem meu coração esses acontecimentos. Como, como eu queria ter a presença do meu amigo Rodrigo, mas ele preferiu desistir. Fiquei muito triste quando soube, também muito bravo. Bravo por ele ter feito isso, por outros o estimularem a isso, por não poder fazer nada, com tudo e com todos, e bravo por não estar lá quando ele mais precisou.

Por quê? Eu me pergunto. Por quê? Ele era astuto, com certeza, um hacker que não respeitava ninguém. Mas que respeitava os amigos, um rapaz fiel a sua namorada, mais que isso, que considerava os amigos, irmãos, companheiro, que amou a namorada mais que si próprio, o que foi seu grande erro. Eu queria estar do lado dele para fazê-lo caminhar na direção da sabedoria e não da astúcia, porém pergunto-me se; seria capaz?

Se ele tivesse alcançado a sabedoria com certeza teria forças para resistir, pois a sabedoria nos mostra quem somos. No entanto, a astúcia nos rouba os medos sufocando-os com desespero, ódio e amargor, levando para longe nossos sonhos e assassinando a bondade que nos resta.

A verdade é que a sabedoria que é imposta tem uma linha que faz divisória com a astúcia, e, é tão estreita que apenas os grandes gênios podem voltar dela.

Na medida em que as marcas são mais profundas, mais experiência se adquire.

Para encontrarmos um tesouro no mar precisamos buscá-lo, procurá-lo dia e noite, enfrentar correntezas furiosas e perigos muitas vezes desconhecidos, entretanto, quanto mais fundo e difícil, maior o tesouro, mais raro e inédito ele é.

Conhecer 2

Somos como diamantes brutos e para brilharmos precisamos ser lapidados, claro que isso não é uma coisa fácil. Provações e tempo são coisas bem comuns e com certeza, mais frustrantes a primeira vez. Mas o começo que é difícil, depois de um tempo nos acostumamos e é aí que vem o acabamento, ou se preferir fortalecimento.

Devemos lembrar que ao terminar estaremos brilhando intensamente, sem o lodo que impede nossas almas de refletirem, como diamantes brutos que refletirão sem gordura. Mas não podemos esquecer que mesmo o diamante para brilhar é preciso luz. Do mesmo modo nos precisamos continuamente de Deus, para continuarmos radiando e resplandecendo seu intenso amor e graça.

Para uma árvore se tornar frutífera ela deve crescer forte, para isso, a paciência é muito importante, de modo que; sem o moldar do tempo, ela se torna estéril.

Conhecer 3

Sem dúvida nenhuma, a sabedoria é para o bem de todos. Um governante sábio é alegria de seu povo, também de seus companheiros e por último, a sua própria alegria.

É claro que não podemos confundir sabedoria com conhecimento.

Conhecimento é uma parte importante sim, mas é tudo o que absorvemos ao nosso redor e fundimos ao nosso ser. Vindo das culturas e verdades para dentro de nós. A sabedoria é justamente o contrário, nasce no íntimo de nossas almas e flui transbordante em luz para fora e resplandece mais que os próprios diamantes, brilhando como a verdadeira sombra de Deus.

Um fazendeiro pode nunca ter ido à escola e ser sábio. Também tendo um filho inteligente, estudado e graduado, porém muito tolo. Esse é um dos motivos que me faz acreditar que todo ser vivo merece respeito, pois se não os entendemos, nós é que somos os tolos incompreensíveis, extremamente ignorantes.

É bem verdade, que todo homem com um pensamento adiantado tem suas ideias incompreendidas.

Conhecer 4

Certo dia, fizeram-me uma proposta, para fazer uma pesquisa sobre Deus. No dia em que lembrei da pesquisa, peguei o papel e sai de minha casa. Um homossexual estava sentado na calçada. Não sei por que, mas algo me impulsionou a fazer a pesquisa com ele, então entrei e fui procurar o papel da pesquisa. Entretanto, ao voltar ninguém estava mais na rua. Entrei novamente e guardei o papel. Quando sai, uma velhinha estava na calçada, novamente o mesmo impulso me tomou, então fui buscar o papel. E o fato novamente se repetiu, ela não estava mais lá. Apenas um homem em um carro de empresa com o braço para fora, fumando. – Ele não vai nem deixar, que chegue na metade da pesquisa. – pensei. Fumando e com essa expressão, hum...

Eu estava descalço, de bermuda e de camiseta regata. Caminhei na direção do homem sorrindo disfarçadamente e já imaginando ele dispensando-me. Perguntei se poderia fazer uma pesquisa com ele. Simpático ele jogou o cigarro fora e me disse que sim. Perguntei primeiro o nome e cumprimentei, então comecei a perguntar e perguntar, ate que cheguei no assunto sobre o que ele achava das religiões. Esse foi o momento em que falei que era o fim. Porém, o contrário aconteceu. A sua expressão atenciosa mudou e se modificou para uma expressão amorosa e de autocompaixão. Ele me revelou que toda a sua família era seguidora, entretanto, ele estava afastado. Fui fazendo as perguntas e somente as perguntas. Nada mais que isso. Ele as respondeu de muito bom grado e não precisei falar nada. No final, perguntei se ele gostaria de um tempo para se acertar com Deus, se reconciliar, e ele disse sim. Disse sim...

Quando voltei para casa estava estupefato. Como poderia acontecer? Estava de bermuda e descalço, e, isso não era tudo, não tinha falado nada. Nada mesmo, apenas feito as perguntas. Só pude chegar à conclusão que era inegável, "Espírito Santo". Claro, que sei que ele é quem convence o pecador, porém nunca tinha presenciado isso tão nitidamente, tão perto e de forma tão real. Ele tinha feito tudo sozinho: escolheu o homem a ser entrevistado, foi ele quem falou em seu coração e foi ele que o convenceu. E não falei nada. Absolutamente nada!

Fico furioso quando vejo um jovem que acha que sabe pregar, convida uma pessoa para igreja já falando no inferno. Será que não sabem que Deus é amor? E que respeita o livre-arbítrio de todos? Já disparam como uma metralhadora exortando: "Vá com uma roupinha melhor. E fique comportadinho e a casa de Deus". Será que a roupa vem na frente da alma? Será que Deus não acolhe a todos como filhos? Ou será que esse tem a tola ilusão de conseguir almas assim? Talvez estejam na casa de Deus, mas não o conheçam, mesmo assim saem a ensinar sua palavra? E mesmo que conheçam, um desviado conhece a palavra, ele não quer ouvir ninguém repetir as coisas que ficam ecoando em seu cérebro. Foge dessas palavras, dizendo com todo tipo de argumento que não pode ser salvo, entretanto ele sabe no íntimo que não é assim, pois Deus é amor. Antes de tudo, antes, fale do amor, da bondade e antes da bondade, convide o Espírito Santo para falar por você. É o Espírito Santo que fala com melodias que comovem as almas, com uma harmonia e ritmo que faz o mais duro coração se desmanchar em lágrimas de sinceridade. Lágrimas não dos olhos, mas da alma que, apenas fluem pelas janelas amendoadas. É o Espírito Santo que age no meio das nossas palavras vazias, ninguém deve se esquecer disto.

Que elas se tornem em palavras de amor, pois temos conosco o melhor orador de todo universo.

Conhecer 5

Ser a favor da justiça é sim uma coisa boa, mas não se irrite quando a justiça tardar. Na verdade, ela não tarda, vem na hora certa, uma hora que não é nem perto da nossa. Devemos aceitar que as coisas não são do jeito que queremos, na maioria das vezes. Quem suporta as dificuldades não apenas se torna feliz, mas ganha experiência e paciência.

Quem ama, prova do seu próprio amor e é feliz, além de colher seus virtuosos frutos. Por isso, amar é muito melhor que ser amado, pois uma pessoa que ama é amada por si, mas uma amada nem sempre ama a si mesma.

Conhecer 6

Alguns têm a astúcia imposta a eles. Foram marcados e machucados com feridas profundas, que dilaceraram suas almas. Cicatrizes que carregam em suas faces de revolta, junto de olhos de inveja, descrevem o reflexo de uma alma que acredita que todos estão em vantagem comparada a ela.

Vivem em ira e revolta, acreditam que o amor é um conto de fadas.

O amor só é um conto quando deixamos de acreditar em seu poder benéfico. Se estes que estão feridos e aprenderam a se defender através da dor, conseguirem transformar tudo isso em sabedoria, digo-lhes com certeza que teremos os maiores sábios da Terra. Pois, o conhecimento já lhes aprovam, e só falta o amor, para purificar seus corações tornando-os sábios.

O mesmo amor que é oferecido por Deus deve preencher seus espíritos.

Conhecer 7

Toda e qualquer coisa que almejarmos alcançar é preciso praticá-la. Claro que não falo de cosias matérias.

É do conhecer de todos que a prática leva a perfeição. Grandes gênios são considerados tais pelas suas conquistas. Esses grandes homens já nascem com um vazio enorme em suas almas, seus espíritos e seus corações, mas não apenas isso. Um desejo de se autorrealizar, mas não simplesmente escolher alguma coisa. Grandes gênios têm personalidades incompreensíveis as suas épocas, personalidades avançadas e maduras. Todo aquele que encontra alguma coisa onde gosta e consegue fazê-la com amor, e mesmo que por minutos, sente uma realização e prazer naquilo. Ele consegue se destacar, pois não faz aquilo para ser o melhor, mas pela sua própria realização, vontade de suprir o vazio de sua alma, na tentativa infindável de satisfazer o espaço reservado a Deus. Entretanto, muitos não conseguem encontrar essa virtude completa, procuram inutilmente preencher seus vazios nas coisas materiais, mas estes pequenos, "grandes" gênios, escolhidos por Deus, só podem ter o espaço preenchido por Deus, que é eternamente virtuoso.

A Sabedoria
Entregue

Conhecer 1

Porque o SENHOR dá a sabedoria;
da sua boca é que vem o conhecimento
e o entendimento.

Provérbios 2:6

Um dos significados de sabedoria é sapiência. Que na verdade, significa sabedoria divina, ou seja, que provém de Deus.

Esta pode sim, não ter nenhum preço, a não ser o temor a Deus. Entretanto, esta se manifesta em momentos em que Deus rege e não segundo ao nosso coração. Esta sabedoria é a mais pura e todas as outras vem dela.

Sendo a mais aguçada e infalível, é o sublime eterno.

É a própria palavra de Deus, sem luxúria do coração humano, sóbria e excelente.

Com o principal propósito de engrandecer o nome de Deus, também de fazer justiça, promover a paz e combater o mal.

A sabedoria divina é entregue segundo a vontade de Deus, com partes diferentes a cada um, sendo reveladas coisas necessárias e sempre diferenciadas. Não é e nem parece com nada humano.

Conhecer 2

Ser humilde é ser sábio.

Geralmente quem é humildade nunca desconfiou ser, e quem não é humilde preconiza todos os atos que ele mesmo julga humilde de sua parte.

Ser humilde é ser você mesmo, simples assim. E não tem nada a ver com abaixar a cabeça sempre e deixar que as outras ideias sufoquem a suas.

Um adolescente pode ser sábio e um idoso ser tolo. Isso é como muitos chamam de maravilhas da natureza ou se preferir que eu diga, como sendo infalivelmente a vontade de Deus. Impossível seria descobrir o que eles têm de diferente, porém, arrisco-me a falar que são os mais simples e os mais humildes esses sábios. Pessoas com um coração bondoso e despreocupadas com a inveja e a soberba.

Eu já vi um jovem ser sábio e nem saber de tamanha simplicidade. Uma pessoa maravilhosa que faz qualquer um querer estar com ela. Sem dúvida, todos que o conhecem afirmam que ele é separado por Deus. Com certeza, ele não é perfeito, no entanto, tem uma combinação perfeita de sabedoria e humildade.

E vindo à soberba, virá também à afronta;
mas com os humildes está a sabedoria.

Provérbios 11:2

Conhecer 3

É necessário perceber que as coisas boas precisam ser buscadas e são mais valiosas que os passageiros prazeres da vida.

A sua alma vale em peso como a verdade e talvez ainda mais, por isso não a perca. Suba no barco da verdade para não afogar em um mar de mentiras e falsidade. As nossas escolhas nos tornam valorosos, ou desprezíveis.

A vida feliz está no coração de quem sabe viver ao lado do Espírito.

Todo sábio segue a vontade de Deus, e Deus da sabedoria a eles por grande amor e cuidado. Decerto, todo aquele que faz mal, não alcança a sabedoria e sim vai à direção oposta coroando- se de astúcia.

Alguns poderiam dizer que são parecidas, porém a sabedoria nunca é egoísta, antes é para ajudar a todos, enquanto a astúcia só beneficia o seu possuidor. De modo egoísta, usa de suas falcatruas ardilosas para se ver bem a custo do bem-estar do próximo.

Eu já almejei a astúcia. Não para fazer mal, mas para me defender das coisas astutas e más, muito antes de saber o que realmente era astúcia.

Tentei magoando meu coração e tudo que poderia feri-lo. Mas, cheguei à conclusão que tudo isso é em vão e idiotice. As pessoas nos magoam o tempo todo, não há necessidade de procurar isso por conta própria. Nada é mais eficaz para combater a astúcia que a sabedoria e se eu soubesse disso evitaria muitas lágrimas. Entretanto, antes de perceber isso procurei ferir o meu coração, na tola tentativa de encontrá-la, a astúcia. Pois é claro pela dor e somente através da dor, pode-se a encontrar. Entretanto vi que tudo não passava de, como diria Salomão, aflição de espírito.

A astúcia de nada serve e é ruinosa. Ela apodrece a alma e o coração.

Conhecer 4

O Conselho vem da sabedoria, a sabedoria tem entendimento e tem a fortaleza. O Senhor possui com perfeição ambos.

Meu é o conselho é a verdadeira sabedoria;
eu sou o entendimento; minha é a fortaleza.

Provérbios 8:14.

Conhecer 5

Ou podes levantar a tua voz até as nuvens,
para que a abundância das águas te cubra?
Ou mandarás aos raios para que saiam, e te digam:
Eis nos aqui? Quem pôs a sabedoria no íntimo,
ou quem deu à mente o entendimento?
Quem numerará as nuvens com sabedoria?
Ou os odres dos céus, quem os esvaziará.

Jó 38:34-37

Ó senhor, quão variadas são as tuas obras!
Todas as coisas fizestes com sabedoria;
cheia esta a terra das tuas riquezas.

Salmos 104.24.

Conhecer 6

Você levaria um copo d'água para mostrá-la a uma cachoeira?

Eu pergunto: nossos planos podem ser comparados aos de Deus?

Antes mesmo da nossa existência Ele não sabia de nossos planos?

Não é Dele que fluem transbordantes todos os planos e a própria sabedoria?

Não foi Ele que criou a cachoeira e que deu inteligência aos homens para criar as coisas?

Os nossos planos são como os dizeres de um cego e surdo tentando adivinhar a cor do mar, mas o Senhor está acima do mar. Com visão altaneira de todas as coisas Ele sabe de tudo, Ele reina em seu trono, no céu acima de todas as criaturas, onisciente e onipotente Ele contempla tudo.

A Tolice da Astúcia

Conhecer 1

O dicionário nos diz que a astúcia é: esperteza para enganar, manha, sagacidade, ardil.

No entanto, a sabedoria: conhecimento da verdade, retidão, prudência, razão, ou tudo que seja antônimo de ignorância.

Quando imagino um homem astuto, logo me vem à cabeça um homem alto, forte de jaqueta preta de couro, motoqueiro, vivido, (Não me levem a mal nada contra, eu também gosto de usar jaqueta de couro) trajando calças jeans, cicatrizes no rosto e muito esperto, geralmente muito procurado.

Porém, os astutos não se mostram perigosos, nem colocam em si mesmos placas que indicam que são astutos. Antes veem como ovelhas escondendo um lobo sagaz. São aparentemente os mais amigos e companheiros, engraçados e muito espertos tendem a atrair os tolos, que ficam admirados com suas táticas e manhas, eles não demoram em demonstrar como que em forma de inteligência. Vestem-se de capas de experiência e usam do conhecimento roubado para demonstrar afinidade com suas vítimas. No entanto, um astuto nunca teve intenções de ensinar suas manhas, que os tolos tanto almejam aprender, até porque elas não podem ser ensinadas, são aprendidas à força através de aflição e se ele não aprendeu através de aflição é apenas um hipócrita.

Preferem que os outros os peça para fazer as tarefas que eles conseguem realizar com manhas e ardil. Entretanto, com o passar do tempo, afirmam estarem cansados de ajudar, autodenominam-se importantes e muito requisitados. Dizem querer se afastar dos problemas, porém, os problemas os perseguem furtivamente. Eles mesmos dizem não ter juízo, e é insuportável como supremos ignorantes acreditam que isso é o máximo. Adoram golpear com suas línguas e têm a ilusão que isso é ser sábio ou inteligente. Qualquer tolo ignorante pode usar de palavras cruéis, mas a sabedoria é formada de apenas palavras de amor e edificação, e, não de destruição. Repito, nunca de destruição.

A palavra do astuto pode destruir uma alma afundando-a para o abismo em que ela própria residente, entretanto, as palavras do sábio a edifica, libertando a alma para voar nos céus.

Conhecer 2

O astuto sempre muda de companhia, dizendo que o problema está em todos ao seu redor e que fez de tudo para ajudá-los. Seus próprios amigos o abandonam, pois não conseguem conviver com tantas trapaças. Depois de um tempo veem suas vidas prejudicadas só pela simples presença de tal.

A astúcia é ruinosa e traz benefícios sujos e egoístas, inimigos, confusões, ódio e tudo o que é contrário a paz.

Conhecer 3

Se estivéssemos perdidos no escuro, com vários jovens, sem saber o que era e sem dúvida, o perigo estava próximo e em algum lugar tinha uma chave, que abriria a única porta. Quem seriam os primeiro a sair, sábios ou astutos?

Imagine que muitos jovens e mulheres estavam espalhados por toda a escuridão, perdidos e sem noção do espaço ou de onde pisar, se todos tentassem sair ao mesmo tempo, ninguém conseguiria. O astuto sabia disso e procurou pela chave furtivamente. Enquanto o sábio acalmava a todos e organizava grupos. No entanto, o astuto encontrou primeiro a chave, com o auxílio de sua grande esperteza. Sem falar para ninguém ele abriu a porta, enquanto todos procuravam à chave. Já calmos, sem contar algumas mulheres em prantos, o jovem astuto gritou:

– Estou livre! – Joga a chave para trás sem pensar nos demais, bate a porta e sai correndo. Todos se apresaram para passar na porta, porém o sábio grita:

– Esperem! – Todos pararam surpresos, se perguntando por que deveriam esperar. Até que os gritos horríveis do jovem astuto ecoam por todo o quarto, em meio a devasta escuridão, como uma melodia terrível que penetrou em suas almas repercutindo em suas vidas até os dias futuros.

O sábio aprende com os erros dos outros e não se apressa com imprudência. Enquanto isso, o astuto é um tolo individual, que confia em si mesmo ao ponto de não ter a prudência. Faz de tudo para se beneficiar antes de todos, é um egoísta nato.

Conhecer 4

Quem dera que vos calásseis de todo,
pois isso seria a vossa sabedoria.

Jó 13.5

Os tolos são locutores imprudentes, alguém negaria isso?

Certa vez, um jovem fez uma pergunta a outro. Ele sorriu e preferiu não responder. Então, o menino zombou em alta voz dizendo:

"Espera, amanhã ele responde".

Um homem que defende a justiça e tem seu coração integro é reto, nunca usa os amigos para fazer comédia para outros, sabe que somente um tolo o faz.

Olhando de um ângulo superior, vemos jovens dizendo besteiras e um calado que aos poucos afasta- se. Mesmo que o menino calado seja simplório, é o mais sábio, pois não está envolvido com as besteiras que as línguas ao seu redor profanam e fofocam. Se uma confusão acontecesse por causa dessas línguas, o jovem ficaria calado enquanto os tolos discutiriam inutilmente. E caso as palavras chegarem ao destino de suas residências, a confusão estará armada.

O que está no interior dos tolos se faz conhecido, mas no coração do entendido a sabedoria apenas desabrocha e quando necessária desperta como o mais penetrante raio de sol, puro e sem soberba que irradia todos os corpos em seu alcance.

Conhecer 5

Da soberba só provém a contenda,
mas com os que se aconselham se acha a sabedoria.

Provérbios 13:10

Estes, de quem falo são tão egocêntricos, que podem dar satisfações a si mesmos. Porém o esquece, pois perdem seu tempo admirando-se no espelho. Julgam-se qualificados para tudo, em especial mandar. Entretanto, desconhecem dos deveres de um líder e tudo que almejam e bajulações. Não conseguem nem controlar as batidas do próprio coração e querem controlar os outros.

Como são dignos de pena estes, pois não sabem que todo cargo tem uma carga, de modo que se querem estar no comando muito desconhecem da tarefa. Não vou dizer que são líderes horríveis, até que são um pouco atenciosos enquanto são bajulados, no entanto só precisam de uma crítica de um liderado para se revelarem como as brasas. E aí, tornam-se labaredas terríveis ao serem cutucados, ou incandescentes quando os ventos de dificuldades assopram-lhes contrariando suas metas. Um defeito terrível para um líder, esse de não controlar o próprio espírito, pois isso interfere nas decisões podendo ser impulsionado de infantilidade.

Conhecer 6

Esses malditos insignificantes que adoram falar da vida dos outros. Podemos encontrar alguns alojados até nas igrejas, escondidos e disfarçados, que frequentam os templos e andam com peles de cordeiro. Malditos, quem os escolheu a juízes? Praticam o mal a vida inteira e, no único dia que fazem o bem se acham no direito de julgarem. Inacreditavelmente julgam o erro que cometeram de modo demasiado.

Qual de vós, miseráveis, que andam acima da terra, abaixo do céu tem a sabedoria para conhecer os corações?

Qual de vós tem a onipotência?

Qual de vós imundos julgam com sabedoria almejando melhoras e edificação?

Antes o fazem porque foram muito julgados pelos mesmos erros e não aceitam que outro que cometeu apenas uma vez o erro passe sem julgamento. E acreditam ter razão esperando até reconhecimento e honraria, como se isso fosse uma prova de que não cometem mais o mesmo erro.

Deveriam ter as línguas arrancadas e cremadas. Mas eu muito me alegro, pois serão julgados com a mesma lei que julgam. Com o mesmo peso e a mesma misericórdia.

Amo e desejo a justiça mais que tudo. Que ela caia como desgraça nas vidas miseráveis desses enfermos, fracos de espíritos, imundos e repugnantes. Pois eles sãos os que atrapalham as conversões com seus maus testemunhos. Crescem como o musgo verde e incomodam ainda mais. Como a traça corroí a sabedoria dos livros, estes destroem a verdade na boca do simples, porém são por muitas vezes mais velozes que as pragas.

Tentam impressionar com suas palavras vazias e sem discernimento, copiando "ditados" populares sem lógica ou sentido, preconizam afim de que não reparem na sua falta de conhecimento. E com isso demonstram um alto grau de ignorância. O único conhecimento que carregam e a vergonha de sua própria incapacidade, de modo que logo percebem quando seus amigos se afastam por esse motivo. Tentam então desesperadamente se consertar, conectar-se com as amizades, mas logo que volta com os laços, esquece-se de tudo e voltam a prosseguir da mesma forma.

Se descobrirem uma pessoa talentosa logo abana o rabo como um cachorro tolo engrandecendo-o, e, exalta ainda mais se almejar uma carona no talento alheio. Diga-lhes isto e verás seu coração se inflamar, como de um cão feroz ou brasa incandescente.

Dizem ser perigosos e pavio curto. No entanto, nunca vi um assassino se vangloriar, antes foge para que não lhe conheçam. Como então alguém perigoso se alto denominaria, como tal?

Querem que apenas o linguajar usado com os bebês seja lhes oferecido. Palavras de elogio mastigadas, dizendo o quanto são aptos para comandar. Mas, se os convidamos para isso, logo fazem "doces".

"Não posso, eu não sei, tenho que ver na minha agenda, Ah, eu sabia que você ia me pedir isso". De repente, tornam-se os homens mais ocupados da Terra, até mais que fuzileiros em plena guerra. Tudo para ouvir infinitamente bajulações.

Se perguntarmos se conhecem sobre determinado assunto que desconhecem, logo dizem não ser a favor ou não gostar muito do assunto. Quando na verdade, desconhecem totalmente e preferem não confessar que seu conhecimento cabe na própria divisória dos dedos do pé e deviriam permanecer nesta altura, sem subir para suas línguas descontroladas.

Eles sempre criticam, pois tem a ilusão de que os outros os verão como superiores em entendimento, acreditam cegamente que são os possuidores da razão. Porém, eu me pergunto, quem é mais tolo: eles, ou quem ouve suas tolices?

Não é de fato que quem fala dos outros, criticando, também fala mal dos próprios amigos ausentes?

Se você o desaprova, ele afirma que você que tem o problema e não ele.

O tolo não possui prazer na sabedoria, de modo que só se agrada com o que agrada ao seu coração. O sábio incomoda-se com seus olhos ilusórios, como um trabalhador incomoda-se ao ver um vagabundo.

Bom seria se eles procurassem o entendimento. Mas nas poucas vezes que eles decidem ouvir, logo dizem: "Mas quem é você pra falar isso?".

É certo que toda crítica edifica enquanto os elogios iludem. Deus usa os homens para falar com os homens, só um tolo ignoraria isso. Mas para aqueles que pensam desta maneira; que orem e clamem a Deus que os anjos venham e lhes preguem a sabedoria e a verdade. Quem sabe Deus não atende e ouve a luxúria de seus corações confusos e desorientados.

Não!

Conhecer 7

Outros que usam de astúcia são os lobos em pele de ovelha. Dizem te amar e gostar de sua presença, mas com o único objetivo de pedir ajuda. Quando se veem em dificuldades logo te chamam para socorrê-los, sem se importar ou lembrar que todos temos problemas. Agradecem com um sorriso esticado de satisfação, lembrando que no dia seguinte precisaram de ajuda novamente. Entretanto, quando precisamos de ajuda, esquecem do auxílio que foi lhe entregue tão rápido quanto se esquecem de quem os ajudou. De repente, encontram outro para fazer-lhes seus projetos e agora são ocupadas demais para se lembrar da antiga ajuda. E se você quiser testar mesmo a amizade deles, afasta-se durante alguns meses, então você verá de que jeito te saldarão. Isto é claro se te cumprimentarem, pois se ele não estiver precisando de ajuda e você sim, aí ele não o verão passar. Entretanto, assim também achamos os verdadeiros amigos. Aqueles que não nos pediam nada, nem trocavam palavras, aqueles que você sempre achou não gostar de você. Por incrível que pareça e na maioria das vezes, estes são os que te abraçam e te saldam em grande alegria ao te ver após tempos.

Como meu coração se alegra na presença destes.

Conhecer 8

Há também alguns que não respeitam a mansidão dos idosos, são tão tolos que se incomodam com a serenidade e não há respeitam.

Alguns são mais lentos e outros mais rápidos, porém isso não os faz mais expertos e ao meu ver, os faz mais imprudentes e tolos.

Independente da velocidade, todos podem escalar a montanha da virtude e beber de seu néctar igualmente. No entanto, se você quer desanimar um jovem diga-lhe a frase que ele tanto costuma ouvir: "há tempo para todas as coisas".

Se existe um jovem que não se desanima ao ouvir essa frase é porque o seu tempo já chegou. O tempo serve para moldar nosso caráter e para aprendermos apreciar nossas conquistas. O tempo também nos proporciona para avaliarmos se realmente queremos o sonho em questão ou não! Mesmo que seja difícil esperar. Uma medida de paciência constrói um coração e um caráter forte. De outra maneira a ansiedade para nada serve, a não ser para aflição da saúde e espírito.

Conhecer 9

Há também aqueles que tomam emprestado, sem nunca possuir a intenção de pagar.

Preferível seria para estes, que entrassem a noite e roubassem os seus irmãos, pois no dia seguinte poderiam passar na suas frentes sem abaixar a cabeça ou passar correndo, envergonhados.

É claro que, há também aqueles que vestem as máscaras da hipocrisia e agem como se nada tivesse acontecido. Se o caso é roubar, que não façam isso pela metade, antes fazê-lo por completo e depois colher os seus frutos que, com certeza virão completos, independente do modo de roubar.

Como são mentirosos e, o pior é que desconfiam de todos. Já reparou como um mentiroso não acredita em ninguém? Ele mente tanto que até acredita nas próprias mentiras, mas as palavras dos outros, há, estas não tem nada de verdade e só tornam-se verdades após a prova. Como quem não paga o que deve, é mais fácil chover moedas de ouro do que a prata sair de seu bolso para um empréstimo, pois a desconfiança é grande, e se emprestam, já estão cobrando antes mesmo de concluir a ajuda.

Conhecer 10

Oh, que tolos são estes que se julgam ser o centro de todos os ataques, se lançam no centro da roda dos invejosos, já dizendo serem os melhores. Chegaram ao limite de sua ignorância, pois se acomodaram na ilusão de saber tudo. Se aplicassem o tempo em que ficam procurando defeitos, na busca da sabedoria seriam grandes sábios, saberiam de suas tolas ilusões, teriam consciência de sua ignorância que os impede de evoluir, e, avançariam sabendo que as lógicas da vida nunca serão entendidas.

Quão tolos são. Existe inveja até para os discretos e mesmo assim fazem questão de aparecer a todos. Exaltam-se, dizem serem superiores a todos e não serem atingidos por ninguém. Mas, já foram atingidos pelo próprio ego, pelo próprio coração pedroso, é seu único amigo e seu superior, o seu próprio eu.

Quantos pensamentos medíocres se veem destes. Enxergar os próprios defeitos e uma qualidade que essas pessoas desconhecem, pois passam o tempo se lembrando dos feitos que nunca realizaram e das qualidades que não têm, das amizades que lutou para unir, mas se afastaram, na ilusão de que todos não o entenderam. Quando um homem não entende a si próprio e não vê os próprios defeitos, ele não entende o seu próximo. Passa a ver apenas os defeitos alheios e não consegue ver as qualidades, ainda dizendo: "eu sou assim com esse defeito, mas olha ele". Não percebe que ele tem o pior de todos os defeitos, a "incompreensão". Pois, se olharmos em um ângulo superior veremos o amor sendo como o maior de todos os dons, então a incompreensão é o pior de todos os defeitos, tornado cego o seu portador, para nunca ver a luz do amor.

Com o amor se conquista o coração mais incompreendido, mas com a incompreensão o destrói.

Conhecer 11

Os tolos procuram por fracassos alheios e ainda repassam, comentem e se espelham, criticam e julgam. Esperam que todos tenham seus defeitos, mas não aceitam que possuam suas qualidades. Poderia eu passar por um pântano e não me enojar com o horrível fedor que emerge de sua escura lama?

Se olharmos para os lados deparamos com muitos feridos e caídos. Se não podemos ajudá-los, devemos continuar, para que não sejamos afetados com desesperança.

Entretanto, digo-lhes; se eu colher flores, não ficaria admirado com seu maravilhoso perfume?

Cultivando boas ideias e alegrias, ficaremos admirados com o virtuoso perfume que atrai ao caminho da sabedoria.

Conhecer 12

Há um tolo que ao se alegrar se torna insuportável. Caso esteja triste é a melhor pessoa do mundo, bem educada e sóbria, porém, se está feliz logo trás injúrias a todos.

Quantos lutariam pela felicidade deste tolo insuportável?

Se um homem recebe bênção de Deus, mas no dia seguinte se esquece de onde vieram, relaxa na fé, um problema lhe agravara a vida.

Com certeza, Deus quer a felicidade de todo homem, porém, Deus daria uma coisa que Ele sabe que não trará felicidades futuras?

Deus corrige a todos que ama, como um pai; se uma coisa não nos faz bem, logo ele não irá nos prejudicar.

A educação de Deus é reta, consuma visando melhorias, para que ele possa nos amar não distante, mas próximo e por completo.

Conhecer 13

Muitos querem ter prosperidade, mas esquecem-se da justiça, que outros também almejam conforto. Tal homem é astuto, usa de suas manhas para ganhar lucro onde não se vê riqueza. Alguns até pensam estar fazendo algo inofensivo, que nunca terá a justiça rasgando-lhe a carne. Acreditam ou querem acreditar que não há condenação para os erros.

Mas eu lhes pergunto: se diriam isto à mãe de um filho estuprado? Ou a uma irmã de um assassinado? Ou a uma traída? Alguém diria a uma dessas mulheres; que os culpados pelas dores e aflições em suas almas, não pagarão por seus atos?

Que o assassino encontraria a paz, que voltaria feliz como um animal ou qualquer outra heresia também camuflada de fantasia? Nem mesmo os contos de fada são tão ilusórios.

Se a espada da justiça é reta, faria ela acepção de erros?

A justiça vem alada e não corrige, antes de todos os erros daqueles que já estão condenados. Se a lâmina da justiça espera, dá se tempo para mais erros e se for uma vida inteira, aí daqueles, pois sorriem pensando ter passado despercebidos e nem sabem que já estão condenados pela eternidade.

Por outro lado, se a justiça vem rápida para os justos é para que entremos em conserto, imediato.

Como um filho que é corrigido pelo seu pai com varadas, porém, o astuto é como um órfão sem correção e se orgulha disso.

Conhecer 14

Há, porém, o pior de todos os astutos, ou talvez seja um simples tolo ignorante. Estes de quem falo, dizem serem os conhecedores da verdade, poetizam palavras de amor e virtude que nunca entenderam, muitos chegam até a dizer que Deus não existe, afirmando que é projeto de nossa fé, que é amor. Deus é sim amor, e não ao contrário, na forma platônica que descrevem. E quando afirmam a certeza da existência de Deus, tentam encontrar defeitos em sua perfeição. Não entendem a Deus e tentam ser maiores que Deus.

Todos estes, também não controlam o próprio respirar, nem as batidas de seus corações e muito menos, a própria língua. Também não controlam os ouvidos e os olhos e a única coisa que podem controlar é o destino de suas almas, ainda sim não o fazem direito.

"Como?" – pergunto. E em nome de quem se julgam capazes de julgar a existência divina?

Não sabem que não são capazes nem de julgar a própria existência?

No dia em que nasceram tomaram sobre si a maldição da morte, portanto são defuntos vivos. Mas mesmo assim, julgam-se capazes de opinar sobre as coisas divinas, que nunca passaram pela morte, com exceção de Jesus, e que desfrutam de tão imutável realidade.

Mortos não julgam vivos, do mesmo modo que um verme não pode julgar o céu, nem um arcanjo.

Pergunto: "se eles não conhecem a Deus, quem os qualificou para falar de tal?"

Se afirmam nunca ter ouvido a voz de Deus, como descrevem suas características ou concluem que não existe? Eu nunca vi outras galáxias. Posso também afirmar que não existem, ou que simplesmente são da cor dos meus olhos. Mas qual valor teriam essas palavras?

Poderia uma criança dar o título de melhor escritor a um idoso sábio?

Tão pouco poderia um homem dar um título de sabedoria sobre as coisas divinas. O único que pode fazer isso é Deus e ninguém mais. Todo e qualquer título dado a um cego por outro cego, não vale mais que um apelido.

Oh, quão tolo estes são, o maior de todos os tolos chegando ao ponto de me enojar com as heresias de seus corações, formadas no âmago de suas luxúrias. Pois, não conseguem sequer controlar as batidas do coração e querem levar o crédito dizendo ter criado Deus, ou que um homem criou Deus. Ou até mesmo, dizendo entender a Deus ou qualquer coisa que suas mentes inventaram na tentativa de serem lembrados como grandes gênios. Ignorantes.

Deus escolheu as coisas fracas para confundir as sábias. Se um sábio é sábio e se considera como tal, coisa que não creio que exista na Terra, é definitivamente um sego de espírito. Antes fosse uma criança analfabeta, mas que contempla a Deus, pois assim encontraria a verdade e libertaria a própria alma.

Como uma sardinha nadando acima de todos os peixes ele se considerou, mas se esqueceu do céu que há acima e de todos os pássaros e coisas superiores que existem.

Se existe pobre é porque existe rico, logo se todos tivessem a mesma condição, não haveria essa divisão. Essa é uma denominação feita porque existem diferenças. Se existe noite, existe dia; se existe trevas, há luz; se existe um caminho mal, existe um caminho bom. Não adianta tentar negar, dizendo que a Terra é o inferno, ou que o inferno não existe, ou Deus não existe, pois horrores acontecem no mundo e aparentemente nada é feito.

Deus contempla todas as coisas e julgará todos. Os salvos em cristo serão julgados segundo suas obras e os ímpios pelos seus pecados. Por isso as más sementes plantadas, são colhidas rapidamente pelos justos, para que fiquem livres para iniciar uma nova semeadura correta.

Mas estes que se dizem gênios, que querem ser lembrados, ser honrados e tornarem seus nomes imortais, mas não passam de existências patéticas, tão ignorantes ao ponto de não encontrar Deus. Tão egocêntricos e soberbos ao ponto de não vislumbrar a Deus, pois não o procuram como Deus, mas o fazem como se não passasse de um "qualquer".

A falta de humildade, seguido da satisfação de seus corações soberbos e o abismo que os separa de Deus. Fato conseqüente.

É muito mais fácil dizer que: "Deus não existe, do que dizer, minha existência patética não compreende a Deus e nunca o verei, pois meu orgulho e minha soberba abriu um abismo de desgraça entre o meu ser e o divinal". Ou também é mais fácil falar que os erros encontram-se em outros e não em nós.

C. S. Lewis, o autor das "Crônicas de Nárnia", viveu como ateu durante anos, mas depois de muitos anos de estudo ele mesmo concluiu: "Tenho que dizer que Deus é Deus".

Não é maravilhoso ver um homem cego procurando pela luz e finalmente a encontrar?

Mas digo procurar por Deus, pelo seu amor e não procurar por defeitos em sua existência. Aquele que procurar por defeitos em Deus nunca o encontrará, pois não se pode achar defeitos em suas maravilhosas virtudes.

Outros também, mais perdidos ainda, alegam acreditar em tudo e seguir a tudo. É evidente que uma existência assim só pode estar perturbada.

Como poderia seguir luz e trevas, unidas? Poderia ela andar ao dia e ao mesmo tempo na noite?

Ou poderia ir à direção Norte e Sul ao mesmo tempo?

É outra que não compreende nem sabe distinguir os caminhos. Além de cega, é surda, pois não consegue nem ouvir a voz de Deus a chamando. Pior não ouve os próprios gemidos de sua alma, pois está morta e em trevas quase definitivas, que serão consumadas se não houver um direcionamento correto.

A Conclusão

Saber 1

A astúcia se alegra com a injustiça e a imita;
A sabedoria vai contra a injustiça, com equidade.
A astúcia procura aprender com as trapaças;
A sabedoria revela as trapaças e as exclui.
A astúcia usa a espada da soberba;
A sabedoria usa o escudo da humildade.
A astúcia rasteja como as cobras;
A sabedoria voa nos altaneiros céus.
A astúcia procura seus interesses;
A sabedoria é luz para os aflitos.
A astúcia esconde suas táticas;
A sabedoria se distribui junto com a bondade.
A astúcia é aproveitadora;
A sabedoria é companheira.
A astúcia tenta prender a todos com suas teias;
A sabedoria se alegra com a liberdade.
A astúcia é arrogante;
A sabedoria é humilde.
A astúcia se superestima;
A sabedoria é uma eterna aprendiza do amor.

Saber 2

Se eu disser que 2+2 é igual a três, alguém acreditará? Claro que não, pois já temos esse espaço preenchido, todos temos completa convicção que é quatro, e não duvidamos disso nem por um segundo.

Quem muda de opinião é porque não tem certeza de nada, nem sabe onde está. Tem a cabeça vazia como um saco de pão e é incompleto. Ou simplesmente não preencheu determinado espaço de informação.

Muitos dizem estar sempre mudando, mas mudar é diferente de evoluir. Até mesmo os vermes evoluem, mas poucos mudam, mesmo com a grande maioria sabendo o que é o certo.

A astúcia é uma metamorfose constante, mas a sabedoria é mais exata que a própria matemática.

Tudo o que está em constante mudança, não está completo; contudo por menor que seja, todos alcançam uma evolução.

Saber 3

Então vi eu que a sabedoria é mais excelente do que a estultícia, quanto à luz é mais excelente do que as trevas.

Eclesiastes 2.13.

Saber 4

Não se atente a sua idade, lembre-se que a alma é eterna. Devemos conservar a juventude e o vigor das nossas almas, para que possamos irradiar com luz através dos milênios, ao lado de Deus. E prevalecer como reis lavados com o sangue de Jesus e revestidos da sabedoria suprema.

E nos fez reis e sacerdotes para Deus e seu Pai;
a ele glória e poder para todo o sempre.
Amém.

Apocalipse 1:6

Saber 5

Onde estão, as palavras de conforto para a viúva e a mãe de mortos?

Nada pode confortar a dor da perda, com tudo deixo algumas palavras para meditação.

Há flores que florescem apenas algumas horas. Mesmo assim com seu pouco tempo de vida elas são as mais raras e mais belas. No entanto a Terra é eterna, está conosco diariamente; alimenta as flores e as firma uma após a outra através dos milênios e nem se quer é lembrada a não ser pelos agricultores. É o pouco tempo de vida dessas flores que as tornam inesquecíveis, raras, belíssimas, nobres e exclusivas. O justo e sereno é retirado rápido por Deus, como uma flor rara que se torna inesquecível, porém os injustos permanecem por milênios e nem são lembrados no dia da própria morte.

Saber 6

Todos já viveram um daqueles dias que tudo vai bem. E também há o dia que tudo vai mal. Ambos os dias só há uma coisa que os separa. No dia que tudo ocorreu bem, teve como início um acontecimento muito esperado, ou talvez uma ótima surpresa. Tão boa que nada naquele dia poderia tirar-lhe o bom humor. No dia ruim já começou com algo dando errado, algo de muito grave, ao ponto de desanimar o seu otimismo para o dia inteiro.

Os pensamentos bons atraem coisas boas, e o pessimismo atrai coisas ruins. Se vivermos acreditando que sempre há de vir o melhor e não parar para meditar nas falhas e obstáculos, poderemos vivenciar somente as coisas boas. Pois quando estivermos em aflição já estaremos vendo a vitória que estará por vir. Já estaremos por direito vivenciado com uma alma sensível. Não seria este um jeito de exercitar a boa fé?

Saber 7

O bálsamo da justiça do Senhor é como o amanhecer caloroso do sol, após uma noite de inverno. É saboroso e quente, é como uma linda melodia em uma noite de tristes lembranças, mas quando é contra aqueles que nos fizeram mal. É mais rápido que o anoitecer. Logo nos arrependemos, porque a justiça do Senhor é infalível e impecavelmente fiel. Após vislumbrarmos a sua eficaz luz nos compadecemos do aflito. Nós nos arrependemos e desejamos que não fosse assim, pois tudo é tão justo e tão fiel, e o culpado tão arrependido que não parece mais valer a pena. Nesse momento o dom do amor é nitidamente superior. Por isso, a misericórdia do Senhor atravessa os milênios. Quem não alcançar este pensamento não esperou a justiça do Senhor, mas antes adiantou a vingança e com isso tornou seu coração frio.

Se alguém lhe fizer mal ou te caluniar, não se vingue. Aja com saberia, entendendo-o. Estão desesperados, não suportam ver outrem tomando suas frentes, coisa que é muito fácil por sinal, pois rastejam como cobras e nem saem do lugar. Acomodaram-se, olharam para o lado e se sujaram com a lama alheia, não acreditam mais no amor, estão amargurados e mal amados. São dignos de pena, toda a compreensão para estes é pouco, pois todo enfermo necessita de muitos cuidados.

Saber 7

Se alguém não lhe der ouvidos não se entristeça. Não atire joias em um lago, pois elas afundaram e não terão nenhum valor, nem terás lembrança de seu brilho.

Os tolos desprezam os conselhos sábios. Qualquer palavra de sabedoria a eles é perdida. Bom seria que as palavras de sabedoria penetrassem em seus ossos e se transformassem como o tutano, mas comparado a isso: fácil seria que o sol viesse à noite e ainda sim continuasse escuro.

Saber 8

A estrada da sabedoria cruza os limites do sofrimento e da autocompaixão. Ultrapassa o desespero e a depressão, toma um desvio aos caminhos paralelos dos grandes sonhos e do desejo da morte. Supera tudo isso, porém não coroa ninguém com sonhos de soberba, tão pouco com ideais de perdedores, apenas liberta a mente para a compreensão da sua posição e suas limitadas capacidades.

Saber 9

O astuto muito se irrita com uma conversa que ele não entende. Odeia ficar de fora de uma conversa e prefere não se atirar com humildade nas novidades; escolhe falar do que ele sabe, do que gosta, do que lhe agrada, corta a conversa e desvia para onde o seu ego quer e faz isso sem que percebam.

Saber 9

O respeito deve ser conquistado e não tomado à força. Aquele que quiser ser respeitado deve começar respeitando.

Um simples aperto de mão pode demonstrar insegurança em uma tentativa patética de impor respeito. A força não deve ser usada nem em último caso. Sempre confiante, não muito forte, nem muito fraco, nem muito longo, nem muito curto, sempre com um olhar confiante e otimista e principalmente de respeito.

Na hora da raiva não se mostre incivil. Não plante sementes de grosserias no coração de seus irmãos, pois a raiva passará e há de colhê-las no futuro. Ninguém tem culpa dos caroços podres em seu coração. Cure-os com amor, de modo que encha seu coração e distribua gratuitamente a todo ser vivo.

Não seja irritante. Ninguém gosta de ser injuriado sem nada fazer. Não abuse da paciência de seu companheiro na hora de sua felicidade. Pois se não agradamos quando alegres, logo ninguém desejará nossa felicidade. Antes almejarão a sua agonia e aflição, pois poderão ficar em paz enquanto você lamenta pelos cantos. Não seja nem ríspido. Se você não puder tirar os seus próprios espinhos, faça como as flores que mesmo tendo espinhos são encantadoras, por sua beleza e seu aroma escondido em seu interior. Cultive um suave perfume em seu interior para oferecer a quem lhe sede presença. Tenha sempre palavras de otimismo e verdade para oferecer ao teu próximo.

Saber 10

Se o teu pai te abandonar, não diga que pai, é somente quem te criou. Deus te abençoou com o privilégio de ter dois pais, com apenas à diferença de um ser bondoso e outro ser enfermo e irresponsável. Não siga o exemplo de seu pai, não copie sua enfermidade a teu coração. Sinta pena dele, pois os anos passarão e a sua enfermidade se curará e ele recobrará a consciência, que talvez nunca tenha tido.

E se te procurar não o despreze, pois ele pouco tempo de vida terá para se arrepender, porém você terá toda uma vida para lamentar de sua morte, que se deu sem sua compreensão. Do mesmo modo que a suave brisa do tempo pode apagar tudo, ela pode transformar uma magoa em um martírio eterno.

Não seja apenas mais um, dos que vivem infelizes, faça a diferença. Troque a incompreensão que lhe foi atira sem noção por amor e bondade.

Negue os ditados sem lógica que os tolos repetem a toda hora.

Saber 11

Não seja motivo de tristeza para sua mãe. Não irrite os outros sem motivo, mostre-se companheiro, trate-os com respeito, para que eles não se aborreçam de ti. E sua mãe lhe disser que o problema encontra-se nos outros e que todos têm inveja de seus talentos, não a condene nem sinta raiva dela, pois o amor ultrapassou o nível seguro o que afetou a razão. Acredite que ser uma pessoa melhor é uma tarefa que deve ser vencida a cada dia, e é com certeza difícil. Uma luta contra o seu próprio eu, em que você poderá vencer e perde para si mesmo. Não se faça de coitado quando não aguentar as provocações. E se o fizer não atire pedradas em quem te estender a mão, não tente se mostrar forte, mostre-se maduro.

Não pense que o mundo conspira contra você. Você não é ninguém e lembre-se que para o ódio um motivo é suficiente. Antes de tudo aprenda que mesmo talentoso você não é nada sem humildade e respeito.

Saber 12

Não atire pedras em quem está na política. Você não sabe o que acontece lá, portanto, não critique só pelo ouvir, pois isso seria de nenhum valor. Seria o mesmo que um cego de nascença descrevendo a cor do mar para um pescador, dizendo o que mais lhe chama a atenção. Você não esta lá, não sabe o que eles passam.

Não seja como todos, pois criticar é fácil. Faça a diferença e comente apenas sobre o que você conhece. Não torne as suas palavras tão validadas quanto às descrições de cores de um cego. Também se lembre que todo cargo tem um preço a se pagar. Esse peso só se pode conhecer quando está em nossos ombros. E nunca generalize tudo, afinal, as pessoas fazem isso o tempo todo; querem uma descrição de um grupo, gênero e até mesmo de uma época feita com apenas uma palavra. Existem bons e maus tempos, nunca se esqueça disto.

Saber 13

Os ímpios se irritam com os benefícios adquiridos pelo puro de coração. Acreditam que os benefícios devem ser adquiridos por graus de sofrimento e que as suas aflições os tornam merecedores. Mas se esquecem dos sofrimentos que causaram. Das aflições que causam com esse pensamento ignorante. São invejosos e não enxergam as coisas boas que lhes acontecem e se o fazem logo acham pouco demais.

Não plantam sementes boas para uma colheita farta, ao invés disso, maquinam jeitos de se beneficiar à custa de outrem. Não se alegram com a felicidade alheia, ao contrário, logo ficam injuriados com as lembranças de suas aflições. São como a draga em solo fértil. Procuram consumir tudo o que há de bom, não se importando em rasgar o solo dos corações. Mas as piores feridas estão no seu próprio coração.

Saber 14

A maioria dos homens poderosos são egocêntricos demais. A sua autossuficiência os ensurdece de tal forma que são incapazes de ouvir os gemidos da própria alma. Os dramáticos gemidos de solidão e trevas. As lágrimas que são arrastadas por suas sombras. Lágrimas profundas e ocultas aos olhos carnais. Lágrimas de silêncio e agonia que caem em um abismo sem fim, de sombras acorrentadas e condenadas ao inferno. Sombras de almas sem luz, sem amor, sem alegria, feitas apenas de soberba e desonra.

Procurem à luz...

Saber 15

Quando se recebe um prêmio que é para ser dividido, logo vem acompanhado com um motivo, mesmo que o destinatário seja um parente próximo. Porém, quando o prêmio beneficia somente o sorteado, é muito comum enfatizar não há para ser dividido. Uma influência frequente ao egoísmo, pois no fundo, no fundo todos têm nem que seja um pouco de egoísmo. Pois, quantos estariam dispostos a concorrer um prêmio que beneficiasse outra pessoa? Ou quantos dividiriam um prêmio conquistado com a sorte?

Saber 16

Dizem que o que é bonito é para se mostrar, mas não é bem verdade que as pedras mais preciosas do mundo estão no cofre? E, que se o ouro fosse abundante, se fosse encontrado em toda esquina, não valeria mais que um cascalho? O valor é uma questão lógica de raridade: quanto mais raro, mais valioso e quanto mais valioso, mais cobiçado. E quanto mais cobiçado melhor deve ser guardado. O valor se dá a algo difícil de obter como um diamante, ou a santidade, ou alguma característica rara de Deus em poucos homens da Terra. É obvio que quando algo é possuído por todos, menos ele vale.

Mas é claro que no caso do ouro estamos falando de uma coisa material e é indiscutível que os valores, as virtudes e as qualidades, são coisas espirituais e de valor muito superior. De modo que se alguém perde uma virtude, é mais desvalorizado do que aquele que perde o ouro. Pois o ouro se reconquista com a mistura de nobreza e trabalho, mas as virtudes perdidas se reconquista com arrependimento e reconhecimento. E todos sabem que o homem não se arrepende fácil, tão pouco quer reconhecer o valor de uma coisa que deixou.

Talvez alguém diga que uma coisa tem valor quando é demais cobiçada, mas um diamante é cobiçado por todas as mulheres, entretanto ele é muito mais que isso. É por sua beleza que torna uma mulher comum em uma mulher única. Uma mulher com um diamante, um diferencial que o diamante proporciona. É algo próximo a uma virtude. Uma coisa que a torna especial, diferenciada e valorizada. Até mesmo os piores homens sabem disso, embora neguem reconhecer, pois querem roubar esse valor. A virgindade da mulher é um desses valores e os ladrões almejam roubar como se fossem as pedras mais preciosas do mundo.

Saber 17

A mulher virtuosa é sábia. Ela entende que submissão não é a ordenança pregada pelo machismo, tão pouco o alvo da indignação feminista, mas a mulher virtuosa sabe que submissão é o poder de escolher "por" uma "vírgula" em seu relacionamento ou um "ponto" final, o que destrói tudo, podendo destruir-se a si mesma e os filhos no caso conjugal. Mas falo em um ponto final que traz a consequência final com seus atos e a negação aos seus votos feitos no dia mais importante de sua vida.

Mas a mulher virtuosa entende que submissão é simplesmente confiança! Confiança nos planos do companheiro que se ele não conta é por medo de fracassar é passar por mentiroso, não que ele não queira contar ou que quer ter segredos, pois é instinto de todo homem satisfazer sua mulher e viver em um lar fértil. Submissão é confiar nos planos ainda não revelados e construir um relacionamento muitas vezes em tempo de tempestades, mas que futuramente se tornam firmes como a rocha. E todo homem que encontrar uma mulher assim deve saber e entender que submissão não tem nada a ver com "ordens" e nem é sinônimo do subjugar.

Saber 18

O senhor contempla todo o trabalho fiel que não é visto. Mesmo que nunca se faça conhecido o trabalho fiel é recompensado por Deus, sem distinção de justo ou ímpio. Não participe do círculo das calúnias e se alguém agredir teu próximo com palavras vis defenda-o. Faça isso e você terá homens que defenderam a sua honra na tua ausência.

A alma do ímpio chora incansavelmente, mas não larga as suas maldades.

Se alguém tentar ser superior a você em determinada coisa, sabendo que não é, não se entristeça. Lembre-se que ele não pode enganar-se, a si mesmo. Mesmo que todos se curvem a ele, no seu íntimo terá que se curvar a você.

Uma criança almeja coisas de criança, pois estas coisas lhe interessam. Um adulto deseja coisas de adulto, pois coisas infantis não lhe chamam a atenção. Um justo quer coisas justas, pois não aceita a injustiça. Um ímpio deseja iniquidade, pois não se julga digno de receber bondade. Ora, então que os sábios se tornem bons, se almejam coisas boas. Todos os que quiserem ter coisas boas, antes distribuam bondade para telas como pagamento.

A sabedoria do senhor é virtude para a alma,
Para os verdadeiros pais é o que acalma,
Em tuas firmes mãos estão os continentes,
E as tristezas senhor contigo estão contentes.

Não leve tudo na brincadeira, pois nas horas sérias ninguém te respeitará, nem dará valor as suas palavras. Há horas que a seriedade é o melhor remédio de compreensão.

Quem dita antecipadamente às próprias ações almeja chamar atenção.

Antes de arrumar uma companheira prepare uma sogra. Você não poderá ignorá-la para sempre e também evitará muitas brigas.

Não julgue ninguém, não há uma só criatura debaixo do sol que seja qualificada para isso. Pois o dia de nossos erros chegará e não queremos ser julgados. Antes, aja com sabedoria distribuindo amor e bondade, que você há de colher virtudes nos dias de teus erros.

Um homem pessimista é um homem infeliz. No entanto, um homem otimista é um homem feliz. Essa é uma verdade indiscutível, pois todos otimistas recebem bem, atraem bens e são tratados melhor.

As mentiras dos astutos duram momentos, mas as armaduras das virtudes e da sabedoria são imortais e verdadeiras.

As virtudes não estão em nós, fluem do interior de Deus e são as riquezas mais preciosas do universo.

Arrepender-se dos erros do passado e querer mudá-los é tão tolo quanto dizer algo contraditório à própria lógica. Se mudássemos os nossos erros, não nos arrependeríamos e nem levaríamos a questão a juízo. Desejar mudar isso é como falar algo e se arrepender por ter falado algo de forma inconsciente, uma surpreendente tolice.

Liberdade de expressão onde estás? Se tua voz altear para preconizar das verdades que sabes o legislador não te processarás? Não passas de uma ilusão barata, criada pelos mesmos mentirosos que te trancaram nesta arca.

Não use metáforas com os tolos, pois eles não entenderam e ainda zombaram de ti. Utilize uma linguagem simples para um homem simples.

Não exagere com os favores ao mimado, pois ele achara que é seu dever; despreze-o e ele o amara... E considere um limite.

Quando um homem estiver atribulado em dificuldade, não pergunte o que ele está passando na tentativa de entender Deus, pois Deus é incompreensível e o homem não te dirá toda a verdade.

Malditos sejam todos que alcançam uma posição honrada, por consequência de elogios que se quer merecem ser usados por suas bocas miseráveis. São estes os causadores da revolta dos merecedores de honra.

A curiosidade e a coragem para saciar os desejos são asas para o inferno e a infidelidade prende com correntes perpétuas.

A tristeza é uma âncora pesada que nos prende... Livre-se dela.

A expectativa que se tem quando está lutando por um sonho é o que molda nosso caráter.

Não confunda prudência com preguiça, ou parada. Prudência é a escolha do caminho correto à seguir quando o caminho se divide em luz e trevas.

Antes de esperar a traição daquele que te odeia e não lhe dá honrarias, espere de todos que te abraçam e sorriem, pois um traidor cobre-se como um amigo.

Existiria honra em uma medalha entregue sem sentido? Sem mérito? Todas as honrarias são entregues por merecimento. Um mérito entregue por uma ação patriota, ou por vitória e superação. Qual sentido ou valor de uma medalha entregue a um vadio? Para se alcançar a honra é preciso pagar um preço. Para se conseguir qualificação é preciso pagar um preço. Para a conquista é preciso pagar um preço, que acompanha o valor, para receber a consciência da existência de Deus é preciso deixar a tolice e para aceitar a sua salvação é preciso ser sábio.

Um homem leva apenas um dia de ira para se tornar um traidor infiel, mas é preciso décadas de angústia para instruir um traidor a fidelidade. Do mesmo modo é preciso anos para convencer uma pessoa de sua fidelidade e um segundo para desacreditá-la.

Existem muitos homens que se autossuperestimam por ter uma formação superior ao de muitos ou um status. Mas não falo dos cientistas, médicos, astronautas ou todos os que fizeram algo de importante para humanidade; refiro-me desses miseráveis que acham que o fazem. Desses que olham com ar de superioridade a todos e, são tão medíocres que são capazes de ajoelhar e beijar os pés de um cientista, mas que ficam parados durante horas olhando o reflexo do próprio ego no espelho. Se avaliarmos o que eles têm e o que oferecem são miseráveis dignos de pena. São os mais insignificantes de todos. Um fazendeiro sem formação, trabalha, multiplica, envelhece, tem paz, e muitas outras coisas que esses tolos desconhecem.

O pior defeito é a falta de empatia que torna a alma estéril.

Não convide um sábio para lugares de obscenidade e de palavras torpes, pois lhe indigna a alma tanta depravação.

Todos têm pontos fortes e fracos. Até mesmo o homem mais forte do mundo tem seus órgãos vulneráveis. Nem sempre os menores são os mais fracos, nem sempre os mais velhos são os mais sábios, e tampouco os mais jovens são os mais tolos. Não importa o quão sábio seja o homem, ele também tem um lado bobo. Não importa o quão corajoso um homem possa ser, sempre existira coisas que o amedrontaram, mesmo que não estejam nesse mundo.

Se o mundo é das trevas e os demônios têm total controle, porque farão projetos sem metas ou atos sem sentido? Se tudo que louva o deus das trevas é dos demônios direito, porque ele não fará com intenções de destruir, matar e roubar a salvação das almas? Coincidência? Se a obra não é boa e não é proveniente de Deus, tudo que está em nosso convívio é do maligno. E se tudo não louva e bendiz Deus é consagrado as trevas. Ninguém deve se prender a isso, mas também ninguém deve ser tão ignorante e cego ao ponto de negar.

A resistência de uma tentação pode adoecer a carne, mas é o que purifica a alma trazendo a libertação. Um corpo saciado continua preso ao chão, porém uma alma saciada de pureza voa alto.

Para cada porção de sabedoria que receberes, descobrirá sete vezes mais sobre o amor, pois se assim não for, tudo não passará de astúcia.

A criatividade é um dom que nos diferencia, mas é com a criatividade que podemos ver as possibilidades e enxergar além dos olhos inocentes. Ela pode nos trazer alegria com conquistas inéditas, mas pode nos roubar o sono, por nos mostrar as possibilidades de decepções futuras. Porém, ao preparar um coração ao inesperado, pode-se evitar a decepção, mas nunca a dor.

É calado que aprende a entender os corações, pois aquele que abre muito sua boca impõe sua personalidade e sufoca as personalidades que estão ao seu redor. Mas entender não é o mesmo que compreender. Pois, o entender nos traz indignação pelos desejos de um coração pervertido, mas o compreender inclui a compaixão por saber da insignificância de um espírito assim.

O astuto ensina com maldições, no entanto, o sábio aconselha com o amor.

O astuto é como a onda do mar, segue a força da grande maioria, mas o sábio é firme como a rocha.

Devemos imergir alegria e sabedoria, até explodir, invadindo e contagiando os corações alheios.

A astúcia invade a mente, mas a sabedoria sobe com agradável perfume.

A cobiça que casada com a revolta traz a inveja, a intriga que apoiada em brasas que tocam a alma incluem o ódio, a curiosidade mesclada com a fofoca que pode trazer a calúnia.

O entendido visa à sabedoria, entretanto, o tolo almeja os prazeres passageiros, ainda dizendo: "estou condenado, mas curti".

Deus é fonte da vida e a resposta para a morte, a sabedoria é consequência de suas palavras.

A sabedoria é mais alva que a neve e mais profunda que o mar.

A imprudência é escrava da insanidade.

É melhor ser chamado de bobo do que nunca ter feito uma boa ação.

Sustente com retidão sua coluna, cuide de seus joelhos, proteja sua pele, mas acredite a verdadeira beleza é a interior, pois exteriormente todos nós somos belos para alguém.

O exemplo vale mais que a compreensão. E a compreensão vale mais que os conselhos sábios.

Há em algum lugar sábio que não consiga esconder sua sabedoria? Ou um tolo que esconda sua ignorância? Pois eu digo que seria mais fácil a noite se ocultar do crepúsculo, do que um tolo conseguir esconder sua ignorância, ou um sábio ser incapaz de ocultar seu saber.

O favor de hoje é o passado de ontem, mas o favor não feito de hoje é a discussão de amanhã. Somos lembrados pelas vezes que negamos favores e não pelas vezes que o fazemos.

Não existe sorte, todo benefício é consequência da alta misericórdia de Deus, mas a sua humildade é tamanha que o Senhor da eternidade não cobra reconhecimento.

O sábio aproveita o tempo, no entanto, o astuto trama embustes.

Seja sábio e feliz, não viva com as pregas de grandes mentiras e trapaças.

A sabedoria e a humildade são os pais da honra.

Existem ímpios dentro da igreja que estão mais condenados que os mundanos. Que podridão é o testemunho destes. Além de condenados, impedem que outros se convertam.

Poderia um peixe viver sem água? Tão pouco a sabedoria sobreviveria sem o conhecimento.

O desejo do coração de um homem pode ser sua ruína, contudo pode determinar sua grandeza.

É fácil dar conselhos, o difícil é instruir para que sigam.

Aquele que tem a sabedoria, ainda que não seja perfeito exteriormente, é formoso em seu interior.

Todo presunçoso se alto superestima, com vaidade e ostentação.

A paz não vem de fora, ela certamente nasce no âmago de nossos corações e transborda para fora, porem isto não significa que todos a possuem em algum lugar.

As palavras cruéis são julgadas pelos tolos como sabedoria, porém não passam de astúcia, pois a verdadeira sabedoria é firmada com pilares de amor.

A ignorância e o egoísmo do astuto sufocam qualquer tentativa de crescimento das virtudes.

O exercício da astúcia é engabelar.

O tolo não entende que amar é mais importante que ser amado. Porém, o sábio tem plena convicção, que vão é a sabedoria sem o amor.

O astuto não dorme antes que maquine o mal, no entanto, o sábio adormece com a certeza de dias melhores.

Com sabedoria se alcança o bálsamo das virtudes, com amor as compreende.

A harmonia da misericórdia e justiça do senhor são reflexos do seu grande amor.

O entendimento do astuto é ilusão, mas o sábio conhece o seu caminho.

O entendido ama a sabedoria tanto quanto o tolo a odeia.

O sábio sabe e sente a vaidade nas coisas, sem nunca ter conhecido, e assim permanece até o fim.

Nosso tesouro está onde nosso coração está. Então, se almejarmos a sabedoria ela será nosso tesouro real.

A justiça do senhor é como delicioso bálsamo que exalamos na hora certa.

A sabedoria, o conhecimento e o discernimento são parentes.

Os ouvidos do sábio só ouvem as melodias da justiça.

Com perfeita sabedoria alcançamos a unção. Deus nos fala que por não sabemos pedir não alcançamos. Qual seria então o valor da sabedoria? Ela não pode pedir corretamente?

A compreensão fala mais que palavras de conforto.

A astúcia desvia dos problemas, mas a sabedoria passa por cima de tudo, destruindo a injustiça.

Quanto mais pensarmos que a vida é dolorosa, mais isso se agravara em nossa mente. Temos que pensar em coisas boas, viver bem e acreditar que a vida é bela.

A astúcia inutiliza o amor, mas a sabedoria cultiva o seu maravilhoso aroma.

É impossível descobrir a sabedoria e não mudar, pois a verdade liberta.

O futuro não é uma questão de sorte, é questão de escolha, pois colhemos o que plantamos. Só os grandes gênios têm destino, os demais podem ponderar seus caminhos.

O âmago da sabedoria é o amor.

A dedicação e o amor dão à luz a perfeição que, é destaque dos olhos simples e nobres. Mas, o potencial dos maiores gênios surge em oculto, como o ouro no cofre é guardado, e é por mais difícil apreciado, mas na hora certa desabrocha como a flor mais rara.

As oportunidades de felicidade batem na nossa porta tanto quanto as de tristeza, mas os olhos pessimistas não as veem.

Os tolos escolhem as belíssimas portas que levam a destruição e trevas, ignorando a porta estreita e pesada que leva a salvação e a paz.

Quando o conhecimento se fizer íntimo a tua alma e, a sabedoria se expressar em teu coração, então estará no caminho da plenitude de espírito.

Espada afiada é a sabedoria, para aqueles que andam em sinceridade.

A astúcia admira a sabedoria, mas prefere passar longe.

A vida é maravilhosa, pense positivo. É verdade que um instante pode decidir tragicamente seu futuro, mas também pode decidir com delícias.

As trevas é a definição da claridade do mal.

A astúcia se adquire provando das trevas, no entanto, a sabedoria se adquire experimentando a luz.

Alegro-me muito, pois sei que no futuro somente a morte será invejada, invejada por aqueles condenados, que não poderão alcançá-la. Hospedeiros do inferno que sempre tiveram essa doença no coração. Que compraram suas passagens para o inferno com calúnias e ciladas astutas.

A sabedoria é como pérola no mar, só os que procuram a encontram.

O coração do sábio bate nos ritmos da justiça.

Por mais surrada que seja a carcaça humana ou por mais diferente que seja todos somos feitos do mesmo material. Somos estruturados dos mesmos sentimentos e firmados com sonhos, entretanto como o musgo cresce onde não há cuidados, também é no coração dos perversos o crescimento dos defeitos.

A paz e a alegria vivem em harmonia com a alma do sábio.

Todos nós nascemos chorando, não precisamos passar também a vida lamentando. Tentem conviver com uma pessoa que se lamenta o dia todo, dia após dia lembrando-se do passado. Agora, como consegue aguentar a si mesmo?

Para o aproveitador, todo seu suor é pouco.

Para se obter o branco é necessário misturar variadas cores. Do mesmo modo para resplandecermos com a luz é preciso unir virtudes e variados dons.

Vocês conseguem não se cansar de seus próprios lamentos que duram toda uma vida?

A serenidade é uma consequência da sabedoria.

Demonstrar exagerado conhecimento é uma tolice que irrita até os ossos dos tolos.

Pague pela sabedoria com teu sangue, também a verdade e a justiça.

A astúcia se frustra quando não consegue submeter à sabedoria. No fim, ela curva-se ao se ver inútil.

Aquele que tem o domínio sobre o discernimento pode saciar-se de qualquer conhecimento, sem nenhum temor, mas o simples deve afastar-se das coisas que desconhece.

Um homem sábio conhece a si mesmo, mas não apenas conhece, também procura se corrigir.

Com sabedoria se busca o amor e com amor se encontra a sabedoria.

Existem aflições que abrem as portas dos grandes livramentos e são as únicas chaves.

O próprio exemplo vale mais que palavras sábias, e, a compreensão vale mais que o conhecimento.

A marca da sabedoria é ler corretamente as possibilidades e agir com prudência.

A alegria lava as almas, mas a tristeza desanima a mais pura delas.

O fogo da verdade consome toda impureza.

A astúcia age por exagero, no entanto, a sabedoria é feita de temperança.

Não tente ser melhor do que os outros, tente ser melhor que você mesmo e verás que repentinamente a evolução lhe coroará.

Aquele que não ama a justiça é injusto. Todo praticante da justiça se enfurece com a injustiça e quem não a pratica não pode reclamá-la.

Contra um tolo orgulhoso é mais sábio tomar o silencio e ouvir até que sua ignorância tenha seu estoque esgotado, então a sabedoria inicia sua consumação.

Todo sábio pode esconder a sabedoria e geralmente o faz. O sábio é modesto e sabe que demonstrar sabedoria para muitos é desagradável, pois a maioria não gosta de se sentir inferior, mas impossível é esconder a ignorância. Logo ela se faz ouvida por gritos estridentes como de galinhas estúpidas que gritam extrovertidas.

Apenas os puros de coração estão preparados e com os corações abertos para receber a verdadeira sabedoria. Muitas das vezes são simples, mas não dão importância para fazer a sabedoria aparecer, pois, palavras sábias para um tolo é como tentar adornar um peixe com fogo.

Não se coloca diamante em anel de alumínio. A verdadeira sabedoria mora com os puros.

O preço da sabedoria é a verdade e a justiça. Qualquer que não pagar estes leves fardos será tido como louco e não sábio.

A astúcia se esgueira entre as sombras para distribuir a contenda, a sabedoria ilumina a todos com compreensão e amor andando ao centro em destaque.

As trevas devem ser combatidas com luz, assim como a astúcia deve ser vencida com sabedoria.

A sabedoria não está no interior de todos, pois não pode se tornar astúcia, porém ela nasce em nosso interior.

A astúcia superestima seu pagamento, mas a sabedoria nada pede.

A astúcia foca o reconhecimento, no entanto o reconhecimento se curva à sabedoria.

Com a sabedoria se edifica uma casa, com astúcia a destrói.

A língua do astuto é a sua própria ruína, mas as palavras do sábio são de edificação para os povos.

As indiretas repetitivas, inconscientes podem gerar inveja. Se os privilégios forem acrescentados aos seus ouvidos a inveja estará consumada. Então todo sorriso lhes incomodará.

A astúcia prende como um pântano, mas a sabedoria livra com as asas da justiça.

O astuto mata um leão por dia para conseguir inspiração. A inspiração do sábio vem de forma natural.

O sábio utiliza a bússola que é o Espírito Santo, mas o tolo segue o homem formado na legalidade.

Na maioria das vezes, eu vi o discriminado discriminar ainda mais, quando deveria ser um defensor.

Depois que se conhece a mente e o coração de um vantajoso percebesse o quanto és digno de pena e quão miserável é seu pensamento. É como uma criança que fantasia um mundo que almeja viver, mas nunca tocou.

Um diamante não precisa de um rótulo de identificação para ser um diamante. Como uma pessoa virtuosa não precisa anunciar-se a si mesma, independente da virtude ou do dom.

O ciúme traz a astúcia, mas o amor traz a sabedoria.

Aquilo que você não fez por egoísmo, quando o egoísmo morrer nunca mais poderá fazer. O tempo não volta e a mágoa da falta do perdão é eterna.

É possível medir a sabedoria através das perguntas de um homem e pela suas respostas se confirma.

O machismo é o símbolo da ignorância masculina e o feminismo é para muitas desculpa para vadiar.

Sinto o odor das feridas do meu espírito. A dor me convida a parar e o sangue me traz a solidão. Não quero me iludir que tenho fé, quero a fé pura e verdadeira, consumada do espírito de Deus.

Acredite, os "contos de fadas" são para os ímpios, paras os queridos de Deus não existe julgo desigual. Princesa casa-se com príncipe, e é claro que estou falando de caráter de escolhas. E infelizmente existem tolas que casam-se com ogros.

O único destino que temos além da morte, é o de colher o fruto do que plantamos no passado, pois o destino limita-se a apenas isso, pois todos possuímos o livre-arbítrio.

Um homem pode tornar seu próprio corpo forte, mas quem nasce com um coração mole sempre será frágil por dentro.

Foi dado aos homens o direito de amarem uns aos outros e a nenhum de julgá-los.

Não queira ser só mais um cretino de idéias medíocres, aprenda com os erros que não puder evitar, mas lembre-se; não espere nada do destino, pois o destino de todos era a condenação e a morte, por tanto Deus deu o livre arbítrio para todos e isso exclui a idéia de destino, deixando apenas para uma questão de seus planos a serem cumpridos, e a maldição da morte, fora disso, não há nada que nos impeça de errar inúmeras vezes ate alcançarmos o fundo do abismo. Se isto acontecer, que não seja atribuída a culpa ao destino, mas a ignorância de quem escolheu errado.

Tudo aquilo que é proibido corrompe o coração e apodrece da face até os ossos.

No mundo material a felicidade é como uma estação. Ela não é eterna, mas sempre retorna. Ao contrário da estação do mundo espiritual que é eterna sendo felicidade ou não.

É preciso no mínimo três motivos para uma pessoa gostar de você, mas basta apenas um para esquecer os outros três e te odiar com sede de vingança.

O preço da sabedoria é a renúncia do pecado e das trevas. Mas a astúcia é pagamento das trevas e do pecado.

Enaltecer o próprio coração é proveniente de tolice, tendo como prêmio a aflição e esta gera a astúcia.

Não conte seus planos e sonhos para os olhos da inveja e nem para os ouvidos do fracasso, pois se o fracasso não matar e a inveja não atrapalhar, ajuda é que não vai proporcionar.

A pior maldição da criatividade é tornar uma ideia pública, pois quanto mais conhecida ela se torna, menos valor tem.

Lembre-se, nada do que conhecemos é para sempre, apenas a nossa consciência, que casada com o arrependimento, pode nos trazer aflições eternas. O passado está acorrentado a nossa consciência e nos tortura até pelos erros mais simples.

Os tolos procuram nas estrelas motivos para não ouvir um bom conselho.

Quanto mais a soberba invade o coração, mas difícil se torna pedir perdão.

O sábio tem em seu favor a suave brisa do tempo que apaga todas as dores, mas o astuto, irado fica remoendo suas intrigas através dos séculos.

O coração é enganoso e a sabedoria é sóbria. Antes ocupe seu coração com conhecimento e sabedoria.

A lógica da mentira é distorcer a verdade, captando e revolvendo as sílabas que lhe são interessantes. Mas a sabedoria revela a verdade necessária e sóbria.

Sem dúvida Deus concorda e presenteia com coisas boas aqueles que praticam a justiça e a bondade, pois todos que amam a bondade é a justiça, amam a Deus e por ele serão recompensados.

O astuto se antecipa para a vingança, mas o sábio compreende o próximo.

A inteligência é a espada que protege do mal, o conhecimento é seu punho e a sabedoria, o escudo.

Aquele que puder escolher que procure ser sábio, mas não fazendo separação do astuto, pois no dia da morte todos somos iguais, astutos e sábios. Na cova não se há projeto, conhecimento, nem sabedoria.

Tudo o que podemos encontrar é o princípio da sabedoria, pois a sublime sabedoria não é alcançada em vida carnal.

O meu grito que é mais como um clamor, uma petição, nunca se dê por vencido ao almejar a sabedoria, porem muito me entristeço em saber o quão longe ela está.

A astúcia é como uma vela marejada, para nada serve. Porém a sabedoria ilumina a todos.

Iniciamos a vida chorando enquanto muitos sorriem. Um curioso fato, pois é como se soubéssemos o que nos aguarda: dificuldades, lágrimas e tantos obstáculos. No entanto, nesse momento todos da família sorriem, como se soubessem que os obstáculos nos fortalecem e nos amadurecem e que não vêm para nos destruir, mesmo que possam nos abater. É certo que podemos aprender com os mais experientes, coroados de branco e marcados pelos ponteiros do tempo.

Cada fase traz um amadurecimento diferente e necessário. E no final, com a felicidade da morte, que para muitos é desgraça, podemos até sorrir se tivermos realmente vencido. Enquanto todos choram, sorrimos nos braços do Pai celestial, gozando de vida eterna e paz...